SUPER MANUEL POUR DEVENIR UN ÉCRIVAIN GÉNIAL

PAR **BERNARD FRIOT**

© Flammarion pour le texte et l'illustration, 2016
Conception Graphique : Studio Flammarion Jeunesse - David Laforgue
Dépôt légal : mars 2016
Imprimé par Printer au Portugal, en mai 2016
87, quai Panhard-et-Levassor – 75647 Paris Cedex 13
ISBN : 978-2-0813-7080-7 / n° d'édition : L.01EJEN001284.C002
Loi n° 49-956 du 16 juillet 1949 sur les publications destinées à la jeunesse

Flammarion Jeunesse

AVERTISSEMENT

*RAYER
GRIBOUILLER
LES MENTIONS
INUTILES

Cher lecteur/Chère lectrice imprudent/imprudente*

Tu viens d'ouvrir ce manuel ? Quelle drôle d'idée ! Tu as envie d'écrire ? De gribouiller ? Es-tu sûr/sûre* que tu n'as pas des choses plus intelligentes/amusantes* à faire :

☐ Remuer tes doigts de pied en rythme ;

☐ regarder un film d'horreur en grignotant des amandes grillées ;

*À COMPLÉTER

☐ peindre la chambre de ton frère/ta sœur/ ton cousin/ta grand-mère/* en jaune poussin atteint de jaunisse précoce ;

☐ envoyer un SMS à un martien rencontré au supermarché ;

☐ apprendre ta leçon d'histoire/géographie ;

☐ ....*

*RAYER
GRIBOUILLER
LES MENTIONS
INUTILES

Non ? Vraiment ? Alors ce manuel est pour toi. Lance-toi, fais tous les exercices et quand tu auras terminé, tu pourras te décerner le titre d'écrivain/écrivaine et gribouilleur/gribouilleuse génial/géniale*.

BON, MAINTENANT, AU TRAVAIL !

AH ZUT...

j'ai oublié de te dire quelque chose de très IMPORTANT !
Pour tout dire, c'est un secret que je te confie. Un vrai secret !
Un secret top secret ! Tu promets de ne pas le trahir ?

Crache sur ce cahier, mets-toi les doigts dans le nez,
et dis trois fois : JE LE JURE !

C'est fait ? Ah, encore une chose : va chercher une loupe.

Mon secret, je ne le crie pas sur les toits !
Écrire, c'est mentir. Les écrivains sont tous de grands menteurs. La preuve ? « Raconter des histoires »,
ça veut dire « raconter des histoires », mais aussi « mentir ». C'est dingue, non ? Alors, ne te crois pas obligé
de dire la vérité. Et si tu écris à la première personne, n'oublie pas : « je », c'est pas forcément TOI.
C'est n'importe quel personnage que tu imagines. Invente-toi un nom, un âge, une physique, une famille,
des manies, bref : invente-toi une vie !

BIEN.
FINIS LES BAVARDAGES
ON Y VA !

LEÇON 1 :

PROTÈGE TON MANUEL
AVANT QUE DES YEUX INDISCRETS
ATTERRISSENT DESSUS

et y laissent
des traces répugnantes

TON MANUEL EST STRICTEMENT PERSONNEL.

Tu n'as pas envie, je suppose, que ta mère, ton petit frère, ton dentiste ou ta prof de français le lisent. Donc il faut le protéger :
1) par un avertissement terrifiant ;
2) par des systèmes anticurieux top secrets et super efficaces. Du genre :

*RAYER GRIBOUILLER LES MENTIONS INUTILES

Lecteur (très) imprudent,

Tu viens d'ouvrir MON livre/cahier/journal/manuel*. Tu vas le regretter. Très vite. J'ai imprégné le papier d'une substance chimique de ma composition. Dans cinq minutes au plus tard, tu vas te gratter partout. Dans dix minutes, tu te rouleras par terre en hurlant de douleur. Dans quinze minutes, tu ressembleras à un gros cactus couvert de pustules. Et dans vingt minutes, paf, tu exploseras et il ne restera plus rien de toi. Et même si tu refermes vite fait MON livre/cahier/journal/manuel*, trop tard : le poison a déjà commencé à agir...
Évidemment, tu ne me crois pas. Eh bien, regarde dans un miroir ta fesse gauche : tu vois la petite tâche rouge qui s'est formée ? Aïe, aïe, aïe, ça te démange déjà, n'est-ce pas ? Ce n'est que le début...
Bon courage !

À TOI !

Lâche-toi : il faut que celui qui lit en douce ton manuel
en ait les cheveux qui se dressent sur la tête. *s'il est chauve : que la peau de son crâne se couvre de piquants de hérisson !*

Lecteur (très) imprudent/inconscient/
téméraire/indiscret...*

LEÇON 2 :
INVENTE—TOI UN PSEUDO

JE SUIS SÛR QUE TU ALLAIS ÉCRIRE TON VRAI NOM DANS CE MANUEL !

Et si, malgré toutes les protections que tu as imaginées,
il tombait dans des mains ennemies ?
De toute façon, c'est bien plus rigolo de s'inventer
un pseudonyme.
De nombreuses stars l'ont fait, alors pourquoi pas toi ?
Tu es aussi star dans ton genre, non ?

Tu peux essayer avec une anagramme. « C'EST QUOI ÇA ? »
tu te demandes.
Très simple : deux mots sont des anagrammes s'ils sont
composés des mêmes lettres, mais pas dans le même ordre.
Ainsi Mattéo est l'anagramme de tomate (hi hi !).

Tu peux utiliser le site http://www.anagramme-expert.com//
Suffit de taper tes nom et prénom et tu auras une liste
de propositions avec toutes les lettres de ton nom ou une partie.

Je viens d'essayer avec Ben Letourneux (c'est moi !),
et voici ce que j'ai trouvé : Neutron Lebeux, Relux Bétonnée
ou Tulben Onéreux. Et mon préféré :

NULO TÉNÉBREUX

QU'EST—CE QUE ÇA DONNE POUR TOI ?

Tu peux aussi choisir un prénom et un nom qui te plaisent,
qui sonnent bien, mystérieux ou exotique…
Mon pseudo de clown, c'est Archie Nul. J'ai mis des jours
à le trouver, mais j'en suis fier ! J'ai fait des listes et des listes
de pseudos avant de me décider. Et si tu faisais pareil ?
Tu vas voir, c'est amusant…

Tu as un pseudo ? TROUVE—TOI UNE SIGNATURE !
Tu as deux pages pour faire des essais !
Stylo, feutre, crayon, pinceau… tout est bon !

Avant d'écrire, il faut assouplir ta main. Mais si, un écrivain génial fait des exercices d'assouplissement avant de se lancer. Choisis plusieurs outils d'écriture : stylo à bille, feutre fin ou moyen, crayon de papier, crayons de couleurs, bref ce que tu as sous la main.
Et imite les exemples de gribouillages ci-dessous.

NOUVELLE TÂCHE : FAIRE DES TACHES

LEÇON 3 :

PARLER DE SOI* de toute façon,
c'est le sujet le plus passionnant, non ?

*SOI, C'EST QUI ON VEUT : TOI en
vrai
OU TON PSEUDO

Mais que peut-on dire de soi qui soit intéressant ? *pour soi*

Pas très intéressant de :

- noter son poids et sa taille *ça change tout le temps*
- la couleur de ses yeux *on n'y peut rien*
- la couleur de ses cheveux *on peut toujours les teindre*
- etc.

Non, il faut parler de choses POSITIVES.

Alors, note :

TES QUALITÉS *seulement les dix principales*

 1

 2

 3

 4

 5

6

7

8

9

10

DIS DU BIEN DE TOI
ET LAISSE LES AUTRES
TE CRITIQUER !

RACONTE LA CHOSE LA PLUS INTELLIGENTE
QUE TU AS FAITE : à part avoir acheté ce manuel

LA RECETTE
QUE TU RÉUSSIS LE MIEUX :

et si c'est juste la tartine de confiture de fraises, ça compte aussi

LES INGRÉDIENTS

....
....
....
....
....
                                                    ....

LA PRÉPARATION

....
....
....
....
....

L'ACTION LA PLUS GENTILLE
QUE TU AS ACCOMPLIE :

s'il te plaît, donne des détails :
où et quand ça s'est passé ?
Avec qui ? Comment ? Pourquoi ?

DIX TRUCS
QUE TU SAIS FAIRE : moi, par exemple, je sais bouger mon oreille droite

①

②

③

④

⑤

⑥

⑦

⑧

⑨

⑩

RACONTE TON PLUS GRAND EXPLOIT SPORTIF :

ET TON PLUS GRAND EXPLOIT SCOLAIRE :

Moi, c'est d'avoir remercié ma prof de français à la fin d'un cours

ET POUR TERMINER, IMAGINE QUE TU ES CANDIDAT À UNE ÉLECTION pas celle de Miss Monde, bien sûr ET INVENTE LE SLOGAN QUI TE FERA ÉLIRE :

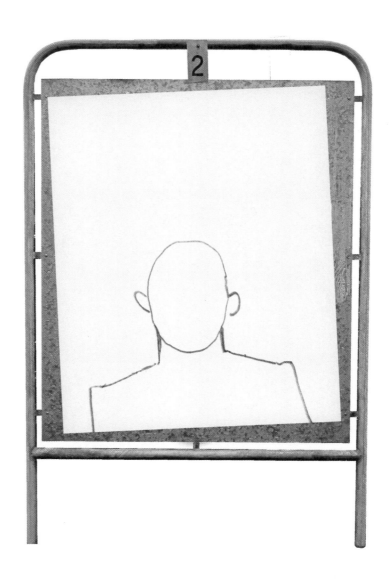

gribouillage

Tu verras,
ça fait du bien!

EXPRIME TES HUMEURS AVEC UN GRIBOUILLAGE.

Voilà par exemple comment je gribouille quand je suis super content.

après une promenade avec Soraya,
ou quand j'ai réussi à battre ma sœur Line
au concours de lancers de noyaux d'abricots

LEÇON 4 :

QU'EST-CE QU' ILS DISENT DE TOI* ?

*JE ^{me} RÉPÈTE : TOI, C'EST TOI EN VRAI
OU LE PSEUDO QUE TU AS INVENTÉ   ton autre toi, quoi

O.K., tu peux parler de toi pendant des heures, je suppose. *en tout cas, moi je peux*

Mais il est intéressant aussi d'écouter ce qu'on te dit
de toi-même. Un peu surprenant parfois !

un 29 février pour être précis

Un jour, j'ai reçu 29 insultes à la figure ! *voir Le livre de mes records nuls, p. 8 à 10*

Il arrive aussi qu'on me fasse des compliments ! *je précise*

Bref, je te propose de noter tout ce qu'on t'a dit aujourd'hui.
À propos de toi, bien sûr : si ton père t'a dit « Descends la
poubelle », pas besoin de noter.
Pour être plus clair, je te donne deux exemples :

1) Ce matin, alors que je prenais tranquillement
mon petit déjeuner au salon, affalé dans le
canapé, les pieds étendus sur la table basse.
Ma sœur Line :
– Ben, dégage, tu pues des pieds !
Vexant, non? En plus, c'était vrai. Je
m'étais promené pieds nus dans le jardin et
j'ai dû marcher dans je ne sais pas quoi !

2) Après le goûter. Ma mère :
donc vers 17 heures
– Ben, mon poussin, si tu nous préparais
cui cui
une tarte aux pommes ce soir? Tu es le roi
des tartes, il n'y a pas à dire.
J'ai pris ça pour un compliment. Depuis
quelque temps, j'ai découvert mes talents
pour la pâtisserie, et je dois dire que
je suis fortement encouragé par ma famille.

À TOI...

CHOISIS QUELQUES MUSIQUES
QUE TU AIMES BIEN.

Fais le noir dans la pièce, ou bande-toi les yeux.
Et gribouille en musique. C'est fun !

LEÇON 5 :

TON RECORD NUL LE PLUS NUL

Bon, moi j'ai commencé ma carrière d'écrivain comme ça, en racontant tous mes records nuls, parce que tout le monde me disait que j'étais nul. J'en ai fait carrément un livre.
Tu n'es sûrement pas aussi doué que moi, mais tu es capable de raconter au moins UN de tes records nuls ! Alors, vas-y.
Et sans complexe : personne ne te lira, va !

RACONTE...

36

ET MAINTENANT, rédige et dessine
le diplôme que tu t'attribues à toi-même.

DIPLÔME DE

....
....
....

ATTRIBUÉ À

....
....

LE ....
À ....

SPORTIN' TU GRIBOUILLES
EN SAUTILLANT, COMME UN BOXEUR.

Pose ton manuel sur une petite table, par exemple, ou accroche une grande feuille de papier au mur et sautille, sans t'arrêter. N'oublie pas d'utiliser plusieurs outils. Ça devrait donner quelque chose d'original…

HoP!

HoP!

HoP!

LEÇON 6 :

TON RECORD LE PLUS

GENTIL/

SYMPA/

UTILE/

GÉNÉREUX/

SOLIDAIRE/

CRÉATIF/

INTELLIGENT/

ETC.*

*RAYER GRIBOUILLER LES MENTIONS INUTILES

oui, oui

Dans *Mon livre des records nuls*, j'ai triché : j'ai raconté
un record pas nul du tout, mais super gentil, au contraire.
C'était quand j'ai souri pendant une journée à tous les gens
que je rencontrais. Pas facile, mais très sympa.

une idée de Lucas

Toi aussi, je suis sûr, tu fais des tas de trucs formidables. Alors,
raconte ton record le plus gentil/sympa/utile/généreux/solidaire/
créatif/intelligent/etc*.

*RAYER
GRIBOUILLER
LES MENTIONS
INUTILES

ET N'OUBLIE PAS TON DIPLÔME.

DIPLÔME DE

....

....

....

ATTRIBUÉ À

....

....

Le ....

À ....

griboullage

UN ÉCRIVAIN, ÇA RATURE.
(Vrai)

Ma prof de français en 6ᵉ nous le répétait toutes les semaines :
un écrivain « travaille » ses textes. Il corrige, modifie, raye,
(Vrai)
ajoute… et ça donne ça :

Extrait de Le journal nul de mes amours nulles *par le GRAND écrivain Ben Letourneux.*

Lui-même
en personne

Je ne sais pas pourquoi les gribouillis d'écrivain,
ça rendait folle ma prof de français.
d'admiration

Puisque tu es un écrivain génial, gribouille généreusement ton
manuscrit. Recopie un extrait de ton manuel et vas-y :

RAYE, RATURE, BARRE, BIFFE, GRIFFONNE…

LEÇON 7 :

T'HABITES OÙ ? DESSINE UN PLAN...

Moi, j'habite Brézanloux-sur-Saône. Si tu cherches sur une carte ou sur Internet, tu auras du mal à trouver. Pourtant, ça existe. La preuve : dans mes trois livres, j'ai inséré le plan de ma *petite* ville en indiquant les lieux les plus importants. *pour moi*

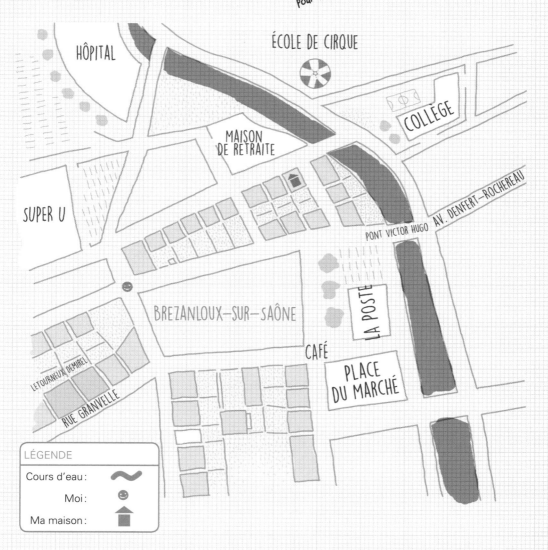

HÔPITAL

ÉCOLE DE CIRQUE

COLLÈGE

MAISON DE RETRAITE

SUPER U

PONT VICTOR HUGO   AV. DENFERT-ROCHEREAU

BREZANLOUX-SUR-SAÔNE

LA POSTE

CAFÉ

LETOURNEUX DEMIREL

PLACE DU MARCHÉ

RUE GRANVELLE

LÉGENDE

Cours d'eau :

Moi :

Ma maison :

À ton tour : dessine le plan de ta ville, ou village, ou quartier.
Puis indique les lieux où tu passes le plus de temps.
Pour cela tu les numérotes sur le plan et tu donnes
les explications nécessaires dans une légende.
Je précise : « légende », ça ne veut pas dire conte ou récit merveilleux
mais « explications qui permettent de comprendre une carte,
un plan, un schéma ». *Capito ?*

LÉGENDE

☺

🏠

PS : je sais que tu as compris, mais au cas où, je le répète : tu fais le plan de l'endroit où tu vis en vrai, ou tu t'imagines une autre vie !

LEÇON 8 :
UTILISER UN PLAN
POUR RACONTER SA JOURNÉE

Bon, il est fait ce plan ? Parfait. Maintenant, retrace le parcours
que tu as fait aujourd'hui avec toutes les étapes.
Je suppose que la première étape (n° 1 sur ton plan) est
ta chambre, où tu t'es réveillé ce matin, tout réjoui à l'idée
de retrouver ton manuel d'écriture.

ÉTAPE 1 :
*raconte ce que tu as fait
en te levant*

....

Et ensuite, où es-tu allé ? Qu'as-tu fait ?

ÉTAPE 2 :

ÉTAPE 3 :

ÉTAPE 4 :

Pour conclure, un peu de math : tu peux calculer le nombre de kilomètres que tu as parcouru à pied, à vélo, en bus, en voiture, à cheval, à trottinette…

Pour terminer, interviewe tes chaussures ou tes baskets
et demande-leur ce qu'elles ont pensé de leur journée.

gribouillage

On continue dans le raturage et gribouillage « d'auteur ».
Voici des fragments de bouquins. Amuse-toi à raturer,
gribouiller, surligner, « corriger »…

TITRE : Le Journal de mes amours nulles…
AUTEUR : Bernard Friot
RÉSUMÉ : Ben est contraint et forcé par sa nouvelle prof de français d'écrire son journal intime. L'angoisse : que va-t-il pouvoir raconter ??? Va-t-il parler de Arianna qu'il a rencontrée à l'École du cirque et qui le fait autant rougir ? Ou alors de sa vie trépidante avec Lukas et M. Demirel ? Décidé à ne pas divulguer ses secrets, Ben met en place un super-stratagème et s'invente une autre vie en s'inspirant très fortement de celle de sa sœur Line. Mais cela va lui jouer des tours et l'amener à se poser quelques questions…

sées par les ruissea
non encore défriché
se nourrissant des pr
de certains arbres,
dattes, armés de bâtons, de pierres taillées et emmanchées dans
du bois, s'abritant dans les cavernes naturelles, disputant leur
vie aux bêtes féroces, chassant les anciens dépossédér : les mammouths, les
Terre, les maîtres qu'ils devaient déposséder : les mammouths, les
éléphants, les singes, les ours, les rhinocéros, les tigres, les lions,
les loups, les hyènes, les rennes, les cerfs, les aurochs et tous les
souverains quaternaires des domaines continentaux. Parmi ces
animaux contemporains de l'homme primitif, les uns ont pu être
associés à la vie humaine, être utilisés pendant leur vie et servir
ensuite à l'alimentation, et, en fait, successivement, l'homme a su
s'attacher bien des espèces : le renne, le cheval, l'âne, le bœuf, le
chien, le mouton, le chat et les diverses espèces d'animaux domes-
tiques que l'on connaît. Les autres ont dû être mis en fuite à
cause de leur rivalité dangereuse, tels que les lions, les tigres, les
hyènes, les ours, les loups ; mais on remarque un
naire évidente entre certaines esp
autres restées à l'

Griffes chair sang aïe
partition du plaisir écrite sur ta peau
trois bémols à la clé
mesure incertaine.

Da capo.
On recommence après le premier cri
accord parfait au creux du lit.

Nos ombres sur le blanc de...
... les ora...

Il y a eu un grand silence. Justine avait les larmes aux yeux. M. Demirel fixait la guirlande de clowns avec un air étrange, douloureux. Moi, j'osais à peine respirer, j'avais comme un poids sur l'estomac. Soudain, Lukas m'a touché l'épaule. Je l'ai regardé. D'un doigt, il a dessiné un sourire sur ses lèvres et a frappé son cœur de la main gauche. Puis il m'a fait un geste de la tête pour dire « à toi ».

J'ai compris. J'ai sauté en l'air, suis retombé accroupi, et me suis mis à chialer exagérément, de grands sanglots tragiques. C'est un numéro qu'on a répété avec Lukas. Ensuite, il me prend dans ses bras et me berce comme un bébé. Normalement, tout le monde s'écroule de rire à ce moment-là. J'ai vu le visage de Justine s'éclairer et Roger a souri, franchement.

Et moi, j'agitais les pieds et les poings, et Lukas me secouait pour me calmer. Roger s'est mis à rire ; Justine aussi, plus timidement.

Mais tout à coup, je...

gribouillage

The Fog & British Library

1 Avenue de France
75013 PARIS
Tel:01.45. 34.26
www.frogpubs.com

Siret 40

Table 124   13,50 €
                                             14,00 €
                                              4,00 €

TORTILLA WRAP
FISH & CHIPS
2 EXPRESSO   31,50 €
                                              2,86 €

Total
Dont TVA 10 %
    AG 24/04/15 Lucka LE
   NS FOR YOUR CUSTOM.SEE YOU SOON.

DÉCEMBRE		Les jours diminuent de 19 mn
1	M	Florence
2	M	Viviane
3	M	François-Xavier
4	J	Barbara
5	V	Gérald
6	S	Nicolas
7	D	
8	L	Ambroise 50
9	M	Imm. Conception
10	M	Pierre Fourier
11	J	Romaric
12	V	Daniel
13	S	Corentin
	D	Lucie
14	L	Odile
15	M	Ninon 51
16	M	Alice
17	J	Gaël QT
18	V	Gatien
19	S	Urbain
20	D	Théophile
21	L	Pierre Canisius 52
22	M	Françoise-Xavière
23	M	Armand
24	J	Adèle

En fin de compte je me décourage j'arrête, je m'allonge sur mon lit et je m'endors. Tant pis le discours c'ed fait. Tant pis. De toute façon je suis NUL. Vous avez entendu nul. eh bi non personne me m'entend moi-même. Je me sens seul, perdu dans moi-même. Je sursaute c'est ma mère qui me tire de ma rêverie pour me dire que c'est l'heure de partir. Mince! Je dois parler dans moins d'une heure. C'est bon je suis devant eux: tous, oui tous... tout le public qui me regarde, tous ces élèves qui là pour moi! Dans ma t...

Alors dis-moi. On se raconte quoi. Où tu habites ? le travail des tes parents ? les activités que tu fais ? Combien t'as de frère et sœur ? Quelles musique t'écoute ? et ensuite ? C'est bien beau tout ça, mais après on se raconte quoi. Je te connais, tu me connais, tu es vraiment que j'ai envie de te raconter ma vie. Voilà, c'est bien. Sas ton Iphone, ton Ipod et ton ordi portable. Comme ça, on aura encore plus de trucs à se dire. C'est sur, marrant. Quand on connaît pas les gens on se dit qu'on a des tas de choses à se raconter ! Mais en faite c'est tout l'inverse. Plus on connaît quelqu'un, plus on lui parlera et on lui racontera tous ce qu'il nous passe par la tête.

Toi, je te connais pas. Et j'ai bien essayé de te connaître, mais j'avoue que tu m'intéresse pas. Oh non. Voilà que tu me racontes ta vie sentimale, Mon dieu. Voilà que t'éclate en sanglot. La vache, ce que c'est pathétique. C'est bon arrête, épargne-moi STP.

[texte barré / illisible]

[zone barrée]

[reboot] Aujourd'hui, longue étape !

La route des Fjords ! Beaucoup de route en suivant les avancées de la mer dans la montagne sur un côté, et puis sur l'autre. C'est la Route 60, que nous quittons pour la 62 qui longe la côte puis s'enfonce dans les terres pour franchir un col, sous un nuages et la pluie. Nous atteignons un nouveau Fjord : OSAFJORDUR. À la poite du Fjord, dans le gravier, un vieux bateau de 1912. Nous continuons sur une piste "aux nids de poules" remplis d'eau : c'est la 612. L'objectif est BREIDAVIK qui sera l'étape du jour. Il pleut toujours

+ Nous avons le chalet n°1 ...

LEÇON 9 :

RACONTER SA JOURNÉE
À PARTIR DE « TRACES »

Pour énerver ma prof de français de l'année dernière qui nous forçait à tenir un « journal intime », j'ai inventé une méthode cool pour raconter sa journée : tu ramasses papiers, billets, emballages, bouts de ficelles, etc, et tu les colles sur ton cahier en indiquant quand et où tu les as ramassés.

Ça donne ça :

24 septembre

Mon cher Journal,

Journée épuisante aujourd'hui En bref : boulot, boulot, boulot. La dure vie des collégiens stressés par leurs profs et leurs parents.

MENU DE LA CANTINE

24 SEPTEMBRE

ENTRÉE
crudités

PLAT
hachis Parmentier
ou
poisson pané et purée

DESSERT
yaourt nature
ou
crème caramel/pomme

J'ai collé ça parce qu'il y avait dix-sept chewing-gums sur la table sur laquelle j'ai révisé mon cours d'histoire.

	VENDREDI	SAMEDI
	MATHS	Quatre heures de cours ce matin
	FRANÇAIS	
	MUSIQUE	
	ANGLAIS	
		Cantine
	CANTINE	
		Une heure de perm
	PERM	
	HISTOIRE-GÉO	Deux heures de cours cet après-midi
	PHYSIQUE	

Chewing-gum
MENTHE TRÈS FORTE · SANS SUCRE

dialogue p. 11

ARTS PLASTIQUES :
portrait d'un ver de terre
(à l'encre de chine)

FRANÇAIS :
grammaire ex. 7, 8 et 10 p. 54

MATHS : ex 4 et 5 p. 18

À TOI...

LEÇON 10 :

FAIRE UNE PROMENADE
DE RECONNAISSANCE

Aujourd'hui, tu te reposes. Enfin, presque… Hé, oui,
quand on est écrivain, il y a des jours où l'on n'écrit pas.
Et pourtant, on travaille. On va se promener, on regarde,
on écoute, bref, on récolte des petits détails
ou des informations qui pourront – peut-être – servir.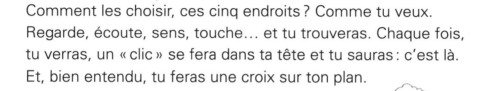
De toute façon, ce n'est pas bon de rester enfermé. Alors,
va te promener et repère cinq endroits dans l'espace
correspondant à ton plan.

Comment les choisir, ces cinq endroits ? Comme tu veux.
Regarde, écoute, sens, touche… et tu trouveras. Chaque fois,
tu verras, un « clic » se fera dans ta tête et tu sauras : c'est là.
Et, bien entendu, tu feras une croix sur ton plan.

Voilà, c'est tout pour aujourd'hui. Allez, bouge-toi,
sors, et ouvre les yeux, les oreilles, les narines, les mains…

LEÇON II :

UTILISER SES CINQ SENS
POUR EXPLORER SON ENVIRONNEMENT

J'espère pour toi qu'il ne pleut pas aujourd'hui et qu'il ne fait pas moins quinze. Parce que, oui, tu vas une nouvelle fois sortir et retrouver les cinq endroits que tu as repérés hier. Cette fois, tu t'armes d'un stylo et d'un bloc-notes. Prépare aussi un sac à dos avec :

1. un paquet de mouchoirs ;
2. quelques petits gâteaux secs ;
3. boisson chaude ou froide (au choix) ;
4. pastilles contre la toux ;
5. un ouvre-boîte ;
6. un tuyau d'arrosage ;
7. un sac de couchage ;
8. ton doudou préféré ;
9. une écharpe ;
10. des boules Quies®
     ou deux morceaux de coton ;
11. un fruit.

N.B. : 4, 5, 6, 7 et 8 sont facultatifs. Tout bien réfléchi, 1, 2 et 3 aussi.

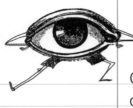

Ça y est ? Tout est prêt. Alors, voici ta mission : tu vas retourner dans les cinq endroits sélectionnés hier et tu vas chaque fois utiliser un sens pour les explorer :

- dans le premier, bouche-toi les oreilles, *avec les boules Quies ou les morceaux de coton*
regarde et note ce que tu vois.

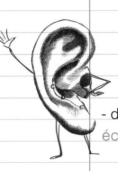

avec l'écharpe, pas avec le tuyau d'arrosage

- dans le deuxième, bouche-toi les yeux,
écoute et note ce que tu entends.

Oui, oui, les yeux fermés

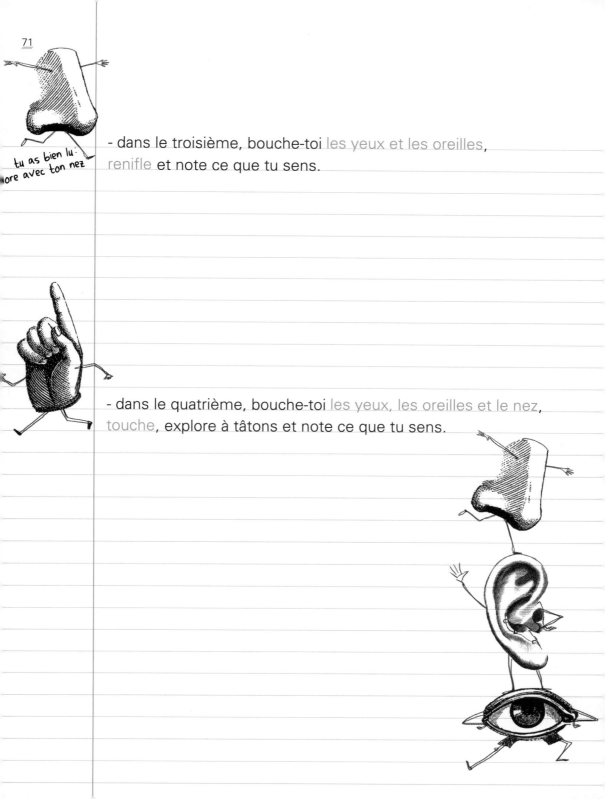

tu as bien lu : ...ore avec ton nez

- dans le troisième, bouche-toi les yeux et les oreilles, renifle et note ce que tu sens.

- dans le quatrième, bouche-toi les yeux, les oreilles et le nez, touche, explore à tâtons et note ce que tu sens.

- dans le cinquième lieu… Ah, j'espère pour toi que tu as choisi une boulangerie ou une épicerie ! Car cette fois-ci, il s'agit de goûter ! À défaut, sors le fruit que tu as emporté et croque-le.

Un peu compliqué ? Mais qu'est-ce que tu crois :
un écrivain ne passe pas son temps, les fesses collées
à sa chaise ! Il doit apprendre à enregistrer son environnement,
en utilisant ses cinq sens.

ALLEZ, COURAGE ET VA TE PROMENER !

LEÇON 12 :
SUITE DE LA LEÇON PRÉCÉDENTE !

As-tu fait la leçon 11 ? Vraiment, vraiment ? Et tu ne t'es pas fait arrêter ? Tu n'as pas pris froid ? _ou une insolation_

Eh bien, chapeau… mais c'était une blague. Je t'ai prévenu : les écrivains sont des menteurs. Ma prof de français dit : affabulateurs, mais c'est la même chose. _la chère Mlle Dumoulin !!!_

Pas la peine de se boucher les yeux, le nez et les oreilles pour écrire ! Dans tout mensonge, pourtant, il y a une part de vérité, comme me l'a appris M. Demirel. Et, c'est vrai, bien raconter une histoire, c'est aider le lecteur à voir, entendre, sentir, goûter, toucher…

Donc, si tu as fait la leçon 11, tu n'as pas perdu ton temps. Et tu as le droit aujourd'hui de prendre des vacances. _et soigner ton rhume ou ton coup de chaud_

COUSSIN DE REPOS
POUR ÉCRIVAIN
GÉNIAL

petit(e) malin(e)

Et si, tu t'es défilé(e), voici un exercice de rattrapage.
Munis-toi d'un petit goûter et note
dans les colonnes ce que tu vois,
entends, etc.

tu as compris le truc, je suppose

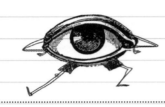

JE VOIS	J'ENTENDS

Durée
de l'exercice:
14 mn.

ne triche pas, je te surveille!

JE SENS (AVEC LE NEZ)	JE TOUCHE	JE GOÛTE

gribouillage

Au lieu de dire des gros mots, gribouille !

Par exemple, mer...^{credi!} peut se transformer en

Comment traduis-tu ces gribouillages ?
Que veulent-ils dire selon toi ?

 _____

 _____

 _____

  _____

  _____

 _____

LEÇON 13 :

S'ENTRAÎNER À INVENTER et dire

DES MENSONGES

À PROPOS
DE MENSONGES...

« Raconter des histoires » signifie aussi dire des mensonges.
Donc, si tu veux devenir un écrivain génial, entraîne-toi à mentir !
Mais juste pour le fun, ok ?
Moi, un jour, j'ai raconté aux copains que j'élevais des
crocodiles nains et ils m'ont cru ! Pendant des semaines !
Je vais te donner le secret pour inventer un bon mensonge :
plus il contient de vérité, plus on te croira. Moi, par exemple,
j'en connaissais un rayon sur les crocodiles nains,
et c'est pour ça que les copains ont gobé mes élucubrations.

À TON TOUR...

1) Invente un beau gros mensonge : *en t'inspirant d'un fait réel*

2) Va le raconter à trois personnes au moins.

3) Note les réactions.

Ça a marché ?

Super ?

Moyen ?

Pas terrible ?

Pas du tout ?*

4) Si tu as trois « super », c'est bon.

Sinon, continue à t'entraîner…

LEÇON 14 :
INVENTER DES PERSONNAGES

C'est ce qu'il y a de plus amusant et de plus mystérieux
quand on écrit des histoires, je trouve. Lorsqu'on réussit, on
a l'impression que les personnages qu'on a créés deviennent
vivants… comme moi !
Pour commencer, « habille » les silhouettes ci-dessous.
Dessine, colorie, imagine des caractéristiques physiques,
ajoute des accessoires, bref : personnalise.

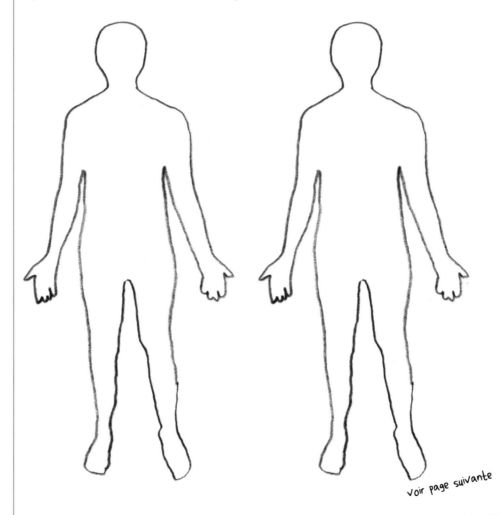

voir page suivante

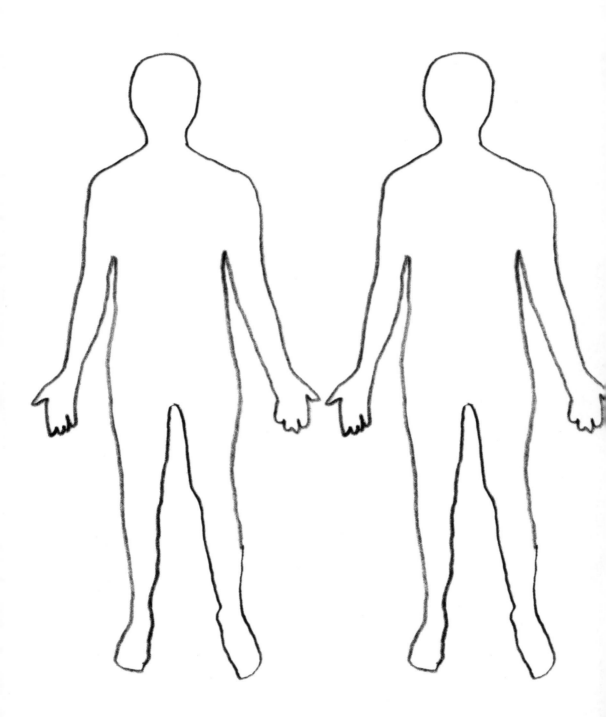

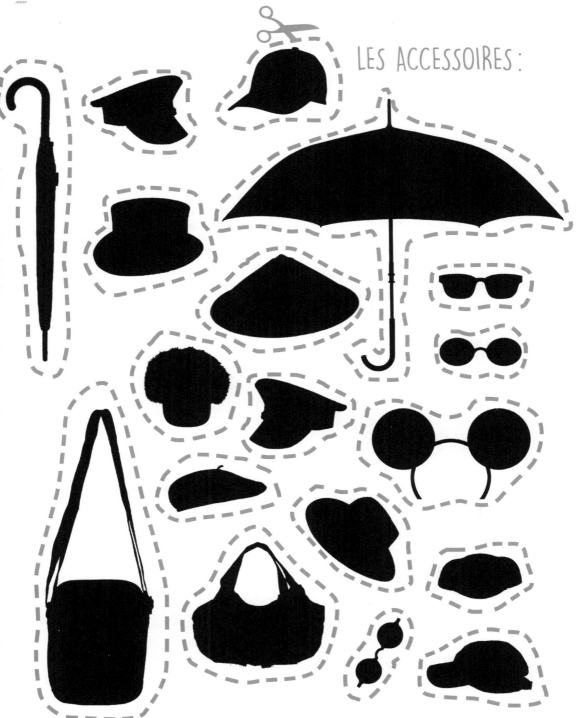

LES ACCESSOIRES :

Toute personne a des tics, des habitudes,
des traits de caractère. En voici une liste.
Choisis-en trois pour ton personnage.

ça suffit!

❋ il/elle se ronge les ongles

❋ il dort avec des chaussettes *comme moi!*

❋ il/elle parle trois langues étrangères

❋ il/elle joue d'un instrument de musique

❋ il/elle aime les films d'horreur

❋ il/elle a fait des études de............... *complète*

❋ il/elle est bricoleur/bricoleuse

❋ il/elle adore la pizza Margherita

❋ il/elle ne prend jamais de petit déjeuner

❋ il/elle prend tous les soirs
une douche froide *brrrr!*

❋ il/elle a une belle collection
de chaussettes célibataires

❋ il/elle a peur de l'orage *comme mon père*

ça, c'est ma sœur

❋ il/elle fouille dans les affaires des autres

❋ il/elle est le roi du tiramisu

❋ il/elle déteste faire la queue
dans les magasins

❋ il/elle a des rhumatismes
quand le temps va changer

❋ il/elle rougit facilement

❋ il/elle adore les rognons et les tripes

❋ il/elle lit un poème avant de s'endormir

❋ il/elle fait des blagues stupides
au téléphone

❋ il/elle a deux cent six paires
de chaussures *en comptant les bottes et les baskets*

❋ il/elle a le vertige quand il/elle monte
sur une chaise

❋ il/elle a un défaut de prononciation *précise lequel*

❋ il/elle est très susceptible

❋ il/elle dit des gros mots à tout propos

❋ il/elle a une allergie au chocolat

❋ il/elle a un plaisir fou à écraser
les mouches et les moustiques

❋ il/elle a serré la main
du président de la République

❋ il/elle ronfle en dormant

❋ il/elle adore faire le ménage *surtout nettoyer les waters*

❋ il/elle écoute de l'opéra et de la
musique classique en travaillant

❋ il/elle donne tous les jours une pièce de
un euro au premier mendiant qu'il croise

❋ il/elle est un champion de couture

❋ il/elle commence sa journée
par une demi-heure de sport

Tu peux continuer la liste si tu as de l'imagination !

* il/elle ne porte que des sous-vêtements bleu clair

* il/elle fait une faute d'orthographe à chaque mot

* il/elle déteste téléphoner

* il/elle ramasse tous les papiers qu'il voit dans la rue et les lieux publics

* il/elle a été condamné à une amende pour avoir traité un agent de police de ...
  j'ose pas l'écrire !

* il/elle a maigri dernièrement de seize kilos

* il/elle a hérité d'une ferme en Normandie

* il/elle élève des serpents dans son appartement

* il/elle collectionne ses crottes de nez

* il/elle a horreur des feux rouges

* il/elle milite dans une association contre la chasse

* il/elle joue du théâtre amateur

* il/elle a déjà eu sept accidents de voiture

* il/elle ne prend jamais un escalier roulant

* il/elle a cinqante sept colliers

* il/elle dort toujours dans un hamac

* ....

....

* ....

....

* ....

....

* ....

....

* ....

....

* ....

....

* ....

....

* ....

....

* ....

....

DONNE UN PRÉNOM ET UN NOM À TON PERSONNAGE.

Liste de prénoms masculins :

Nicolas	Thomas	Charles	Wojciech
Olivier	Benoît	Ludovic	Hidir
Keiji	Pablo	Edwin	Antoine
Jamal	Kirill	Jonas	Louis
Ganji	Ottavio	Ramzi	Amal
Léo	Raphaël	Heinz	Kangmin
Fabien	Max Emmanuel	Tansel	Florian
Richard	Franco	Michael	Adrian
Christophe	Stéphane	Terry	Allen
Mathias	Ludovic	Lionel	Samir
Rémi	Drago	Jaco	Isaac
Udar	Geoffroy	Marc	Lalit
Piotr	Amadou	Manfred	Ziyan
Oko	Issa	Davy	SvenYung
Fouad	Mario	Werner	Jérôme
San	André	Jean-Marc	Pavel
René	Claude-Henri	Brett	Masaki
Chong	Peter	Abdel	Scott
Kofi	Milos	Eduardo	Sunggoo
Arnaud	Clément	Vladimir	Bachir
Pierre-Marie	Yanis	Roderick	Régis
Diego	Bülent	Jan	Pietro
Patrice	Simon	Rajat	Memet
Lassina	John	José	Benjamin
Malik	Tarik	Christopher	David
Moshé	Dietrich	Zubin	Vittorio
Philippe	Tayeb	Matti	Raymond

Liste de prénoms féminins :

Pervenche	Irmgard	Régine	Lamia
Guillemette	Emma	Janina	Nuran
Nahema	Léa	Marisol	Hélène
Gaëlle	Brigitte	Eve-Maud	Claire
Noriko	Feng	Marta	Radmila
Mariame	Serena	Chiyoko	Alyssa
Hasnaa	Caroline	Camille	Annick
Mélanie	Alice	Lila	Svetlana
Michelle	Sakimi	Jessica	Delphine
Majdouline	Liudmila	Kali	Cécile
Luanda	Joyce	Anna	Nora
Sandrine	Roberta	Audrey	Véronique
Léontine	Jade	Laura	Sophie
Anita	Maria	Katherine	Amanda
Luciana	Li Na	Larissa	Romina
Pretty	Esi	Alina	Ruth
Nina	Isabelle	Gun-Brit	Charlotte
Sabine	Ludivine	Djulia	Krassimira
Patricia	Dayita	Kristin	Malin
Tisha	Henriette-Marie	Katica	Elizabeth
Clémentine	Agathe	Sonia	Dusica
Hanaé	Ursula	Marie-Adeline	Ursula
Louna	Aurelia	Antoinette	Agnès
Barbara	Elbenita	Juliana	Pétronille
Manon	Alwyn	Lola	Capucine
Kina	Françoise	Beliz	Teodora
Anja	Tien-Hou	Helena	Laurence

Liste de noms de famille :

Sempey	Descharmes	Yuan	Talaba
Margaine	Isokoski	Pondjclis	Kulman
Davies	Prégardien	Montague	Dumas
Warkowski	Paananen	Haddad	Sartori
Cirillo	Rouland	Cemin	Nikitin
Olsen	Rugurika	Komochiya	Ramirez
Beuron	de Barbeyrac	Currentzis	Mellon
Domingo	Debois	Nelson	Khelifa
Bijelic	Behloul	Chauvet	de Maistre
Stoyanov	Gillet	Lapointe	Dupré
Pop	Suire	Galou	Courjal
Bardon	Oruba	De Donato	Harmsen
Tézier	Spinosi	von Assler	Kral
Aldrich	Labonnette	Konya	Aikin
Shi	Mauillon	Vignau	Libor
Petibon	Onuma	Denoke	Ponelle
Jaroussky	Netrebko	Wang	Parodi
Devos	Kaufmann	Billy	Del Rio
Lebel	Sungu	Gencer	Souquet
Ekanga	Ragon	Marin	Vialet
Gilmore	Lafont	Degor	Bareiri
Moretti	van Arsdale	Le Texier	Lafrogne
Jerkunica	Kibassa	Varnier	Cadoxo
Briand	Lopez	Brunet	Rouxor
Degout	Duffau	Berger	Dobowski
Massis	Borras	Poulakis	Al Jamal
Palloc	Frontali	Kazakov	Martinet

GRAVE.

C'EST VRAI.

JE VAIS VOUS DIRE.   VOILÀ.   HALLUCINANT.

C'EST CLAIR.

ÉCOUTE/ÉCOUTEZ.   EUH...

ABSOLUMENT.

OUT À FAIT.   ÇA ALORS.   ZUT À LA FIN.

On a tous des « tics de langage », c'est-à-dire des mots
ou des expressions qu'on répète sans s'en rendre compte.
Pour rendre vrai un personnage inventé, il faut lui en imaginer un.
Voici une liste des tics de langage très fréquents. Choisis-en un
pour chacun de tes personnages :

OH YÉ !   MAIS BON...

TU VOIS ?/VOUS VOYEZ ?

ÉNORME.

SI TU VEUX/SI VOUS VOULEZ.   J'AVOUE.

USTEMENT.   EN MÊME TEMPS.   UN PETIT PEU.

ÉVIDEMMENT.   JUSTE.

Y'A PAS PHOTO.

FRANCHEMENT.   JE SAIS PAS.

QUE DU BONHEUR !

ON VERRA BIEN.

gribouillage

Invente une signature *gribouillée*
pour tous les personnages que tu as inventés.

Ces vêtements sont tristounets : à toi de les customiser
en ajoutant inscriptions, couleurs, sigles, décorations…
Ensuite, tu les attribues aux personnages que tu as inventés :
qui porte quoi ?

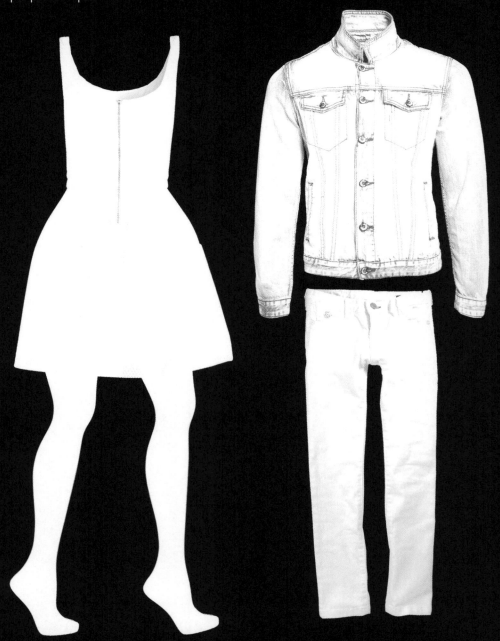

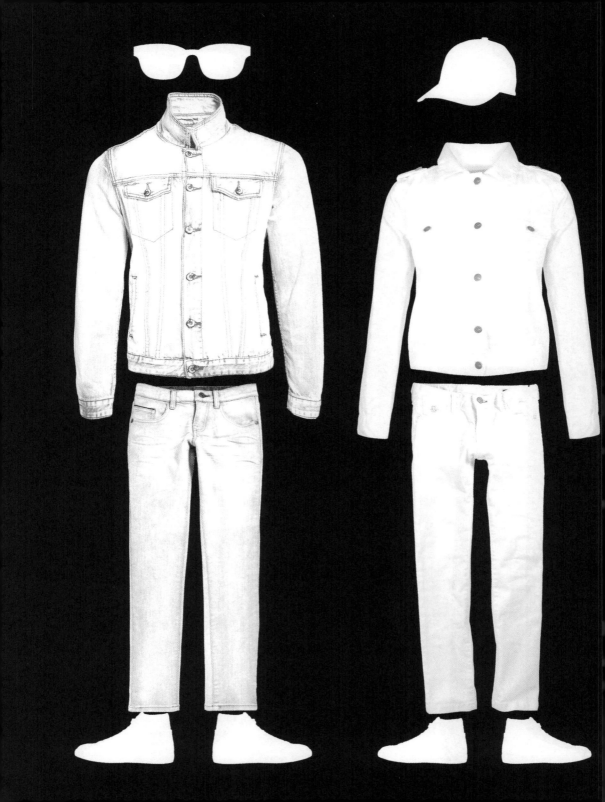

LEÇON 15 :
FAIRE VIVRE SES PERSONNAGES

Pour mieux connaître tes personnages,
suis-les le temps d'une journée. Que font-ils ? Où vont-ils ?
Qui rencontrent-ils ? Que voient/entendent/sentent/touchent/
goûtent-ils ? Que pensent-ils ?

Comme on ne peut pas raconter seconde par seconde une
journée entière, je te propose de choisir quelques moments.
Commence par un personnage, et continue avec les autres
si tu as envie.

*zut, on n'est pas à l'école,
on fait ce qu'on veut ici !*

LA JOURNÉE DE

en résumé   *à compléter par le nom du personnage*

`09:22` ....

`10:13` ....

11:25 ....

13:05 ....

15:45 ....

16:30 ....

19:40 ....

LA JOURNÉE DE

en résumé à compléter par le nom du personnage

LA JOURNÉE DE

en résumé   à compléter par le nom du personnage

Gribouillage

AJOUTE À CES SILHOUETTES
CHEVEUX POILS, BARBES ET MOUSTACHES
PIERCINGS, MAQUILLAGE, CICATRICES, TATOUAGES...

LEÇON 16 :
FAIRE PARLER DES PERSONNAGES

Bien. Tu en sais assez sur tes personnages. Tu peux maintenant les laisser parler. Comment ? Très simple :
pose-leur des questions, ils te répondront.

Tu peux leur demander par exemple :

☐ de raconter la dernière fois *quand? pourquoi? avec qui? où?*
où ils ont eu un fou rire ;

☐ de parler de leur premier ami ; *ou première amie*

☐ d'expliquer comment ils fêteront
leur prochain anniversaire ;

☐ de raconter la pire peur qu'ils ont vécue ;

☐ de parler des personnes
qui sont importantes pour eux ;

☐ de décrire le plus bel endroit
où ils sont allés ;

☐ de dire ce qu'ils feraient s'ils gagnaient
100 000 Euros à un jeu ;

☐ de raconter une situation
où ils se sont sentis ridicules ;

☐ de raconter une anecdote vécue *Moi par exemple, un jour, j'ai avalé trois mouches vivantes d'un seul coup!*
où un animal joue un rôle. *???*

Tu peux imaginer d'autres questions, bien sûr. N'oublie pas,
c'est le personnage que tu as inventé qui parle. Il dit donc « je ».

QUESTION : ....
....
....?

RÉPONSE : ....
....
....
....
....
....
....!
....

Q : ....
....
....?

R : ....
....
....
....
....
....
....!

Q : ....
.... ?

R : ....
....
....
....
....
.... !
....

Q : ....
.... ?

R : ....
....
....
....
.... !

gribouillage

TRACE LES LIGNES DE LA MAIN.

COLORIE LES ONGLES.

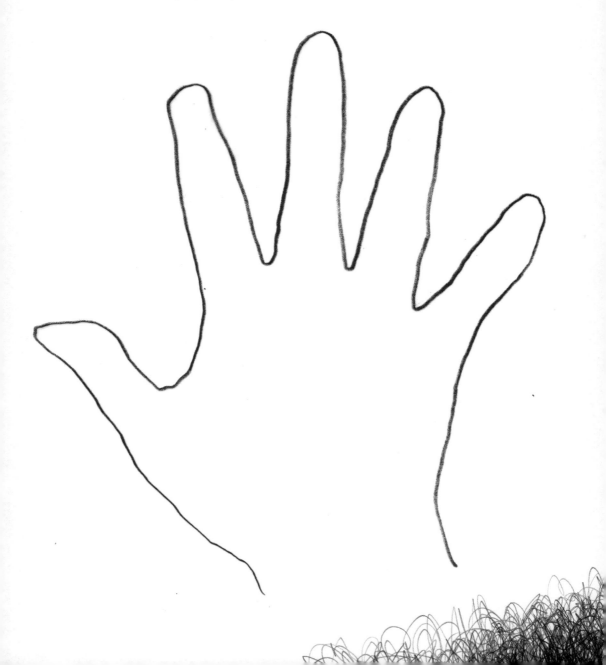

LEÇON 17 :

FAIRE DIALOGUER DES PERSONNAGES (1 ET 2)

Normalement, quand des personnages se rencontrent,
ils dialoguent entre eux. S'ils sont plus de deux, ça peut poser
problème, parce qu'il y en a toujours qui tiennent le crachoir
plus que les autres. Par exemple, chez moi, mes parents
ne me laissent jamais la parole. Et ça donne ceci :

*un exemple tiré
de Mon cahier de vacances nulles*

Ma mère : Je te plais ?
montrant sa nouvelle coiffure à mon père

Moi : Bof !
faisant semblant qu'elle s'adressait à moi

Mon père : Oui, oui !

Ma mère : C'est la coiffure que j'avais
quand on s'est rencontrés.

Moi : Ah bon ?

Mon père : Oui, oui !

Ma mère : Tu te souviens ?

Moi : Non.

Mon père : Oui, oui !

Au fait : j'ai cité cet exemple juste pour te montrer
comment on peut écrire un dialogue…

Je te propose un premier exercice que je fais souvent
quand je croise quelqu'un en grande conversation
au téléphone. C'est rigolo, *ou quelqu'une* parce qu'on entend qu'une partie
de la conversation, alors on imagine ce que le correspondant
au bout de la ligne peut raconter...
forcément

Choisis deux de tes personnages.
Personnage A : prénom : ....; nom : ....
Personnage B : prénom : ....; nom : ....

Tu entends seulement les répliques de **A**,
imagine ce que répond **B**.

A : Salut, ça va ?
B : ....
....
A : Tu fais quoi, là ?
B : ....
....
....
A : Non, c'est pas vrai !
B : ....
....
A : T'es vraiment ouf, toi !
B : ....
....
A : Tu crois ?
B : ....
....

A : Non, non… j'oserais jamais. Elle est trop…

B : ....

....

....

A : Tu n'as qu'à lui dire de te rendre l'argent…

B : ....

....

....

A : Mais comment elle pouvait le savoir ?

B : ....

....

....

A : Ok, je comprends…

B : ....

....

....

A : D'accord. À quelle heure ?

B : ....

....

....

A : Chez toi ou chez moi ?

B : ....

....

A : C'est tout bon. À plus.

Pas très compliqué : tu choisis deux, trois ou quatre personnages :

Personnage A :
prénom : ....
nom : ....

Personnage B :
prénom : ....
nom : ....

Personnage C :
prénom : ....
nom : ....

Personnage D :
prénom : ....
nom : ....

SE CONNAISSENT—ILS DÉJÀ OU PAS ?

QUELLES SONT LEURS RELATIONS ?

parents, voisins, collègues, copains, ennemis, etc.

DANS QUEL LIEU SE RENCONTRENT—ILS ?

ET C'EST PARTI...

A : ....

....

....

B : ....

gribouillage

Un jour, je me suis retrouvé avec 22 bleus, marques et égratignures sur mon corps d'athlète. Je ressemblais à ça :

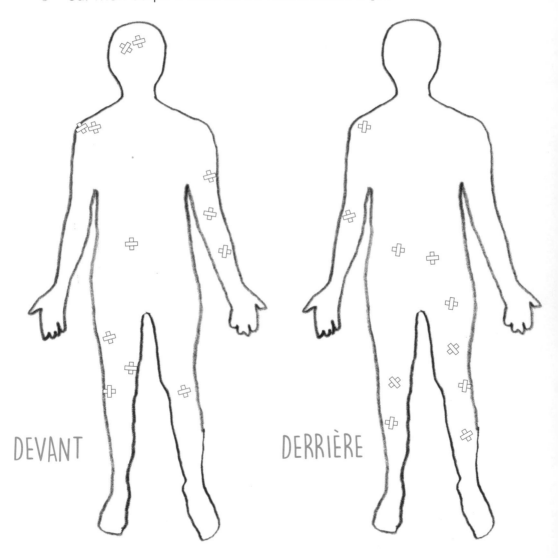

DEVANT   DERRIÈRE

MARTYRISE LES PERSONNAGES SUIVANTS :
AJOUTE-LEUR DES BLEUS, DES ÉGRATIGNURES, DES CICATRICES, DES PANSEMENTS, DES BANDAGES...

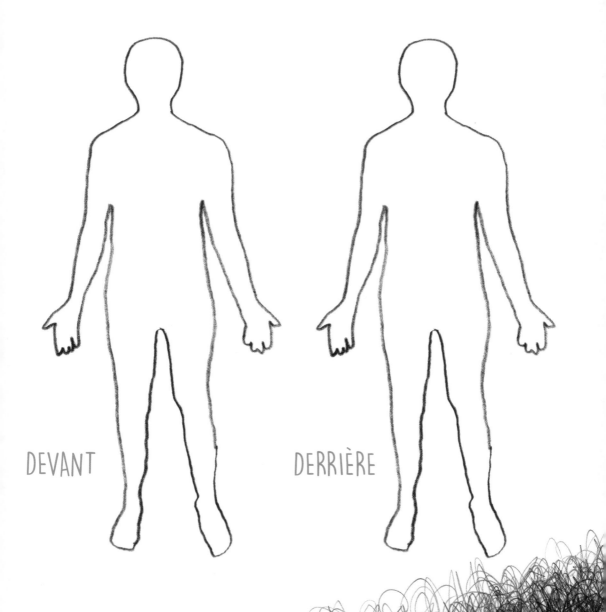

DEVANT   DERRIÈRE

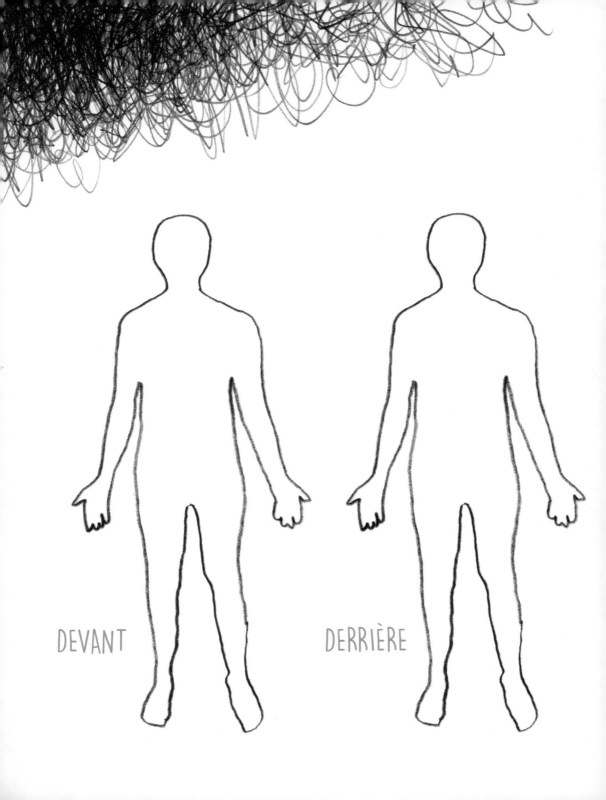

DEVANT

DERRIÈRE

LEÇON 18 :

RÉDIGER UNE FICHE DE LECTURE SUR UN LIVRE QU'ON N'A PAS LU

et qui n'existe même pas!

Il y a des instits et des profs de français sadiques qui vous forcent à rédiger des fiches de lecture. Sous prétexte de vous donner « le goût de lire » !!!! Alors que l'idée de remplir une page de résumé et « avis personnel » vous dégoûte à l'avance de lire le meilleur livre du monde.

J'ai trouvé la parade : un jour, j'ai écrit une fausse fiche de lecture sur un livre dont je connaissais que le titre, et ça a super bien fonctionné. Maintenant, je la ressors chaque année et je récolte au moins un 18/20.

LA VOICI :

FICHE DE LECTURE

Dans un cirque de renommée internationale, un clown tchèque, Lukas Vasel, recueille Benjamin, un adolescent en fugue qui a fui l'internat où il a été enfermé après la mort de ses parents, assassinés par des trafiquants d'armes. Les parents de Ben, en effet, travaillaient pour une ONG luttant contre le trafic illégal d'armes dans le monde entier. Lukas apprend l'art du clown à Benjamin et tous les deux montent un numéro qui remporte très vite un grand succès. Ils sont sélectionnés pour le festival international du cirque de Monte-Carlo, mais les trafiquants d'armes retrouvent la piste de Benjamin et veulent l'enlever. Lukas fait appel à ses amis du cirque pour sauver Benjamin. Le dompteur, en particulier, le cache parmi ses fauves... Etc., etc.

Ce roman est passionnant du début à la fin. Il nous introduit dans l'univers du cirque et, en même temps, nous sensibilise au problème du trafic illégal d'armes qui nourrit les guerres dans de nombreux pays. J'ai beaucoup aimé le personnage du clown Lukas parce qu'il est courageux, intelligent et parce qu'il est très patient quand il initie Benjamin à l'art du clown. Je me suis identifié à Benjamin qui, au début du roman, est vraiment triste et déprimé, mais trouve en Lukas un ami et un maître. Je conseille à tous mes camarades de lire ce roman plein d'action et d'émotion, mais non dépourvu d'humour.

VOICI MA MÉTHODE :

1) Tu choisis un roman dont le titre te plaît.

2) Surtout, tu ne l'ouvres pas ! Tu le déposes dans un coin et tu n'y touches plus. *sauf pour le rendre au cdi ou à la bibliothèque avant la date lim*

3) Tu inventes une histoire d'après le titre.

Il faut toujours indiquer :

- où se passe l'action ;
- quand ? de nos jours ou dans le passé ?
- les personnages principaux ;
- les principaux événements. *inspire-toi des films que tu as vus récemment*

4) Tu termines le résumé par cette phrase : « Je ne dévoile pas le dénouement pour laisser la surprise aux futurs lecteurs de ce roman passionnant ».

5) Tu dois donner ton avis personnel ; pas compliqué, tu peux utiliser ces débuts de phrase et compléter selon ton inspiration :

À TOI DE CHOISIR !

L'action de ce roman est haletante/passionnante/bien rythmée/ennuyeuse/répétitive/surprenante/simple/compliquée/bof*

La psychologie des personnages m'a semblé juste/superficielle/profonde/pas très logique/subtile/bof*

J'ai énormément/beaucoup/un peu/moyennement/pas du tout/bof* apprécié ce roman parce que ....
....

Je me suis identifié à ....
                              nom d'un personnage
parce que...

Je recommande ce livre à tous ceux qui s'intéressent à ce genre de roman/ceux qui ont des insomnies/ceux dont le téléviseur est en panne/ceux qui aiment bien les trucs chiants/à mon cher prof de français/aux grands-mères alcooliques/bof*

Et voilà ! *Zut, c'est un tic de langage!*

FICHE DE LECTURE

Gribouillage

VOICI DES BOUQUINS.
IMAGINE LEUR COUVERTURE.

Pour t'aider :

la quatrième de couverture

le texte de quatrième de couverture

le dos

la couverture

le titre

le nom d'auteur

le logo de l'éditeur

le code barre

COUVERTURE ILLUSTRÉE PAR :

PRIX FRANCE . . . . €

9 782081 370807

LEÇON 19 :

RACONTER DES TRUCS
À FAIRE DRESSER LES CHEVEUX
SUR LA TÊTE D'UN CHAUVE

« Faire dresser les cheveux sur la tête d'un chauve »,
pas mal comme expression, non ? Sauf que ce n'est pas moi
qui l'ai inventée, mais M. Demirel, Roger pour les intimes
et mon ex-voisin.
Mais on n'est pas là pour un cours de coiffure.
L'activité que je te propose est beaucoup plus rigolote.
Il s'agit d'inventer une histoire
pour faire peur à

*RAYER
GRIBOUILLER
LES MENTIONS
INUTILES

⇨ ☐ sa sœur
⇨ ☐ son petit frère
⇨ ☐ son meilleur copain
⇨ ☐ son cousin casse-bonbons
⇨ ☐ la boulangère
⇨ ☐ qui vend des croissants rassis
⇨ ☐ sa prof de français*.

J'ai essayé avec ma prof de français et ça a presque marché. !!!
Elle voulait qu'on tienne un journal intime et pour remplir trois
pages, j'ai raconté un film d'horreur qu'en réalité je n'ai pas vu,
parce que je ne supporte pas le sang, même à la télé. Mais ça
m'a vraiment amusé de tartiner trois pages avec plein de détails
répugnants. Je souligne détails parce que c'est là, le secret :
raconter des scènes de suspense en ajoutant des tonnes
de détails qui font frissonner le lecteur.

Par exemple, il ne suffit pas d'écrire :

"Une araignée attaque la malheureuse Miss Mill"

*c'est la prof d'anglais
dans le film que j'ai imaginé*

… parce que le lecteur ne peut pas voir la scène.
Mais quelque chose comme :

"Une araignée énorme aux pattes noires
et poilues, aux mandibules acérées,
lui mord la cheville. La douleur est atroce,
comme si des milliers d'aiguilles
la transperçaient.
Miss Mill pousse un hurlement déchirant.
Son bras est paralysé. Elle brûle intérieurement,
le poison de l'araignée la dévore entièrement.
Elle s'effondre sur le carrelage,
si brutalement que sa mâchoire explose."

***

VAS—Y, LÂCHE—TOI !

gribouillage

VOICI CINQ LECTEURS TERRORISÉS

qui viennent de lire ton texte.
Dessine leurs yeux, leur bouche, leurs cheveux, etc.

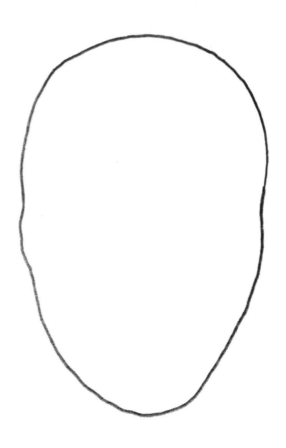

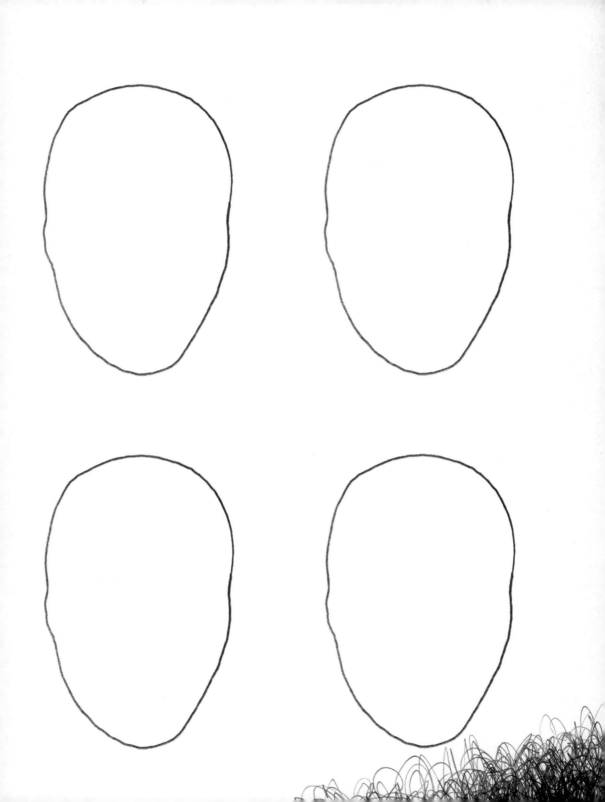

LEÇON 20 :

INVENTER LE SCÉNARIO D'UN JEU VIDÉO

Je ne sais pas encore ce que je ferai comme métier plus tard.
J'hésite entre :

a) clown saxophoniste
b) chef des F.S.I.S   Forces Spéciales d'Intervention Scolaire, un commando super entraîné qui interviendra au secours des élèves en détresse
c) concepteur de jeux vidéos*

En fait, j'en ai déjà inventé deux : jeux vidéo
- un spécialement idiot et spécialement marrant qui consiste à récolter des tomates dans un champ et à les jeter sur un groupe de rock totalement destroy. Il faut cueillir des tomates bien mûres, sinon elles n'explosent pas sur la tête des musiciens et on perd des points ;

- et un jeu spécial rentrée scolaire. Le but est d'empêcher des profs de retourner au collège par tous les moyens : sauf les tuer en les capturant et les emprisonnant, en leur inoculant des maladies, en les déroutant sur leur trajet, en leur fichant la trouille. Par exemple, on peut piquer son vélo au prof de maths ou son soutien-gorge à la prof de musique. Mais si un prof arrive au collège, on est obligé de passer un test dans la matière qu'il enseigne pour poursuivre le jeu.

Et toi, tu aurais des idées ? Une seule règle : pas de mort dans ton jeu !

Je lance un concours. Le premier prix est, au choix :

🏆 le cheveu blanc de ma mère que j'ai récupéré dans mon bol de Chocoloulou et encadré ;

🏆 une de mes chaussettes célibataires dédicacée ;

🏆 la recette complète du Kaiserschmarrn.

en allemand   *un dessert autrichien super bon*

Prêt ? …

TITRE : ....

RÉSUMÉ : ....

....

....

....

....

....

....

....

....

....

....

....

....

....

....

....

....

....

....

....

....

....

Envoie tes propositions à Ben sur Facebook®

ÇA Y EST, TU ES ÉCRIVAIN! INTERVIEWE—TOI!

génial!

Le côté ennuyeux du métier d'écrivain, c'est qu'on doit
répondre à plein de questions du genre :
- Combien vous avez écrit de livres ?
- Depuis combien de temps vous écrivez ?
- Combien de temps vous mettez à écrire un livre ?
- Quelles sont vos sources d'inspiration ?
etc.

Alors, je te propose de te poser toi-même et à toi-même des
questions et d'y répondre.
intelligentes *intelligemment*

POUR T'AIDER, JE COMMENCE :

1) Quel est votre modèle d'écrivain ? .... (La bonne réponse est : Ben Letourneux.
Mais ici, on n'est pas obligé de donner
la bonne réponse.)

....

2) Vous vous dopez à quoi pour écrire ? Moi, c'est les Chocoloulou à la banane.

....

3) ....

....

....

....